AF253869

L^{27}n
26200

COMMENT ON RESPECTE

LA

LIBERTÉ D'ÉCRIRE

EN FRANCE

COMMENT ON RESPECTE

LA

LIBERTÉ D'ÉCRIRE

EN FRANCE

DOCUMENTS ANNOTÉS ET PUBLIÉS

PAR

P. BISTON

Avocat à la Cour d'appel

> « ... il n'y a que les petits hommes
> qui redoutent les petits écrits. »
>
> (BEAUMARCHAIS.)

PARIS

E. DENTU, ÉDITEUR

PALAIS-ROYAL, 17 ET 19, GALERIE D'ORLÉANS

—

1871

PRÉFACE

M. Sainte-Beuve, apprenant les faits déplorables
qui m'avaient forcé, au mois de mai 1869, à quitter
la ville de Châlons-sur-Marne et à me réfugier à
Meaux, m'écrivait le 25 juin suivant :

« Mon cher monsieur,

« J'apprends avec peine les circonstances et les machinations qui ont affecté votre existence. J'espère que Meaux
sera pour vous et pour les vôtres un lieu de repos et d'étude
paisible.

« Veuillez agréer l'expression de mes vœux et de mes sentiments distingués et dévoués. »

Et à l'occasion du même événement, un poëte
aveugle, mon vieil ami Émile Deschamps, cherchait à

me consoler par des paroles pleines d'une affectueuse
bienveillance :

« Excusez-moi, me disait-il, en me plaignant beaucoup,
de ne pouvoir que dicter ces quelques lignes, pas même
signées, en réponse à votre si tendre et si émouvante
lettre.

« Merci cent fois pour les charitables sympathies de
Madame Biston et les vôtres! Vous savez du moins adoucir
ce qui est inconsolable. Mon chagrin fraternel[1] s'accroîtrait
encore, s'il était possible, de vos tribulations.

« Tout cela est sauvage. Vraiment, nous vivons je ne sais
où et je ne sais quand.

« Enfin, vous voilà dans Paris, le grand *Port!...* et près
de Versailles, double fête pour moi.

« Mon cœur s'envole vers vous deux, du fond de ses ténè-
bres et de ses tristesses. »

Et appréciant ma dernière brochure, qui avait
servi de prétexte aux manifestations les plus graves, il
s'exprimait ainsi :

« On vient de me lire votre *Noir et blanc.* C'est d'un style
exquis, et tout y est aussi solidement pensé que piquant par
la forme. Merci et bravo; je vous ferai beaucoup lire, pour
que vous soyez beaucoup applaudi.

« Excusez et plaignez votre malheureux ami. »

Aujourd'hui, je publie des documents qui feront

---

1. M. Émile Deschamps venait de perdre son frère Antony.

voir de quelles *machinations* et de quels actes vérita-
blement *sauvages* j'ai été victime, et comment on res-
pecte dans notre pays, après quatre-vingts ans de
révolution, la liberté et les droits du citoyen.

Paris, 15 novembre 1871.

COMMENT ON RESPECTE

LA

LIBERTÉ D'ÉCRIRE

EN FRANCE

> « ... il n'y a que les petits hommes qui redoutent les petits écrits. »
>
> (BEAUMARCHAIS.)

Dire la vérité, source de toute justice, défendre le principe d'autorité, base de tout ordre social, en un mot, soutenir ce qui est bon, combattre ce qui est mauvais, quelle que fût la forme du gouvernement, tel a été, depuis que j'écris, le but de mes efforts.

Lorsque l'événement le plus important de ma vie, celui qui devait me donner des années de bonheur, me fit retourner, en 1851, dans mon pays natal, il me fut facile de reconnaître combien l'esprit public y avait subi la fatale influence des révolutions de 1830 et de 1848.

J'habitais Châlons-sur-Marne où, deux ans avant mon arrivée, au mois de mai 1849, avait éclaté une émeute dont on n'a pas encore perdu le fâcheux souvenir en Champagne.

Une multitude, égarée par quelques meneurs, s'était soulevée contre la garnison, avait forcé un de nos plus brillants régiments, le 1er de hussards, à s'éloigner de la bonne ville de Châlons.

Le brave colonel de ce régiment, M. Berryer, le frère du célèbre orateur, ressentit vivement l'affront fait à ses soldats, et il adressa de La Chaussée, le 4 juin 1849, au rédacteur en chef du journal *le Messager,* une lettre qui peint bien le triste état des choses, à une époque où les feuilles de la démagogie attaquaient, comme elles le font toujours en temps de révolution, la magistrature et l'armée, ces deux forces sociales qui font le désespoir des ambitieux sans honneur et sans patriotisme.

« Personne, Monsieur, écrivait le colonel Berryer, ne s'est trompé sur les tendances de votre article, aussi malveillant qu'il est contraire à la vérité, article qui n'a pu être inséré dans votre journal, que pour animer les passions, exciter les gens violents... — La blouse de l'ouvrier, dites-vous, mais qu'y avait-il donc autres que des hommes en blouse ? Vous ne l'ignorez pas, les hommes en habit qui ont pour mission de soulever les mauvaises passions, d'agiter, de bou-

leverser la société, les hommes en habit pour qui la présence
d'un régiment, où tous sont décidés à se faire tuer, sous
l'inspiration de leurs chefs, pour le maintien de l'ordre, est
un désespoir, ces hommes ne se trouvent jamais là au moment du danger. Ils disparaissent à propos, livrant à eux-
mêmes les imbéciles qui ont eu foi en leurs ridicules utopies,
qui se sont enivrés de leurs trompeuses promesses, et qui malheureusement ne reconnaissent leur erreur que trop tard, et
lorsqu'ils n'ont plus qu'à maudire les misérables en habit
qui les ont entraînés pour les abandonner lâchement à l'instant du péril. »

Ne dirait-on pas que ces lignes sont écrites d'hier,
et qu'elles s'adressent à ces autres *hommes en habit,*
écrivailleurs, parleurs et gens de chicane, qui, derniè-
rement encore, sacrifiant la France à leurs convoitises
et violant toutes les lois, armaient le peuple, le pous-
saient dans la rue, s'en servaient comme d'un instrument docile, et s'emparaient du pouvoir sans avoir
reçu une égratignure?

Lorsque je me trouvais à Mézières, à la fin de l'an-
née 1853, et que j'y entendais l'ancien commandant
du 1er de hussards, devenu le général Berryer, racon-
ter devant son illustre frère, et avec une pénible émo-
tion, l'émeute châlonnaise du mois de mai 1849, qui
eût jamais pu prévoir qu'un jour, vingt ans après, au
mois de mai 1869, je serais moi aussi, et dans la

même ville, victime de machinations infâmes, et obligé de me soustraire aux manifestations de la force brutale?

En rappelant ici des faits déjà éloignés, j'ai voulu seulement faire comprendre qu'ils ont pu contribuer à affaiblir le respect pour l'autorité dans la ville de Châlons-sur-Marne.

Le mal y grandit encore, lorsque des coteries, unies par une sorte de camaraderie de café ou de cabaret, et presque aussi puissantes que des sociétés 'secrètes, répandirent dans le peuple les funestes doctrines des plus mauvais journaux de la révolution.

Aussi est-ce sans étonnement que j'ai vu, en 1861 et en 1865, M. G. père outrager, avec une violence extrême, des magistrats, par paroles et par écrit, et faire ainsi son entrée dans la carrière politique.

Il lui en coûta bien quelque chose, mais peu lui importait; il avait, par ce moyen, et comme cela arrive presque toujours dans notre malheureux pays, conquis la popularité.

Je le combattis une première fois, en 1865, dans une brochure intitulée : *Défense des maires de Champagne,* et je disais en terminant cet écrit :

« Nous ne sommes rien, nous ne voulons rien être, et si

nous sommes sorti pour un instant de notre heureuse obscurité, c'est parce qu'il ne s'agissait ici, ni de telle ou telle opinion politique, ni de telle ou telle candidature, mais des intérêts généraux de la société et des principes permanents sur lesquels repose l'ordre public. »

J'avais exercé mon droit, rempli mon devoir, et mon écrit n'avait donné lieu à aucune manifestation contre moi.

M. G. père était élu député, et pendant quatre ans, c'est-à-dire depuis 1865 jusqu'en 1869, je ne m'occupai plus de lui, mais des intérêts généraux du pays.

En 1866, je publiai ma *Lettre sur la politique du temps présent,* dans laquelle je cherchai à mettre en lumière les principes qui forment ma conviction, à signaler quelques-uns des vices de la société moderne et la cause principale de nos révolutions.

En 1867, je disais dans *Un mot sur l'Allemagne,* et avec le pressentiment des malheurs qui menaçaient la France :

« L'œuvre du grand Frédéric est accomplie ; ses maximes, religieusement et patiemment suivies par ses successeurs, ont porté leur fruit, et l'*Empire* est comme rétabli au profit de sa race.

« Dieu veuille que la prépondérance de la Prusse en Allemagne ne compromette jamais la sûreté et l'indépendance des autres nations de l'Europe ! »

En 1868, je fis paraître mes *Bienfaits de l'association,* et, par ce travail, je voulais propager les principes sur lesquels reposent les *sociétés coopératives,* et me rendre ainsi utile aux classes ouvrières de la Champagne.

Je m'attachai, par d'autres écrits, à leur inspirer le respect de la religion, du droit, des traditions et des monuments vénérables de notre ancienne province, et à conserver parmi eux la mémoire des hommes qui avaient su illustrer leurs noms par leurs vertus ou par leurs talents.

Et dans un temps où tant de gens travaillaient stupidement à la destruction du principe d'autorité, et nous préparaient une nouvelle et épouvantable catastrophe, je me montrai constamment l'adversaire déclaré des partisans de la révolution, et le défenseur de la monarchie à laquelle la France a dû sa grandeur et ses gloires les plus pures.

Telle était mon attitude à Châlons-sur-Marne, et j'y recevais des témoignages de sympathie tels, que je ne pouvais pas penser qu'il y eût jamais un danger quelconque à craindre, soit pour ma liberté, soit pour la sécurité de ma famille.

En 1869, et à la veille des élections générales, je voulus examiner comment M. G. père avait rempli le mandat qui lui avait été confié en 1865 et qu'il sollicitait de nouveau.

J'avais d'autant plus le droit de le faire, que M. G. père ne rendait aucun compte à ses électeurs et évitait de les réunir, bien qu'il eût regretté autrefois de ne pas pouvoir *venir en réunion d'électeurs, discuter toutes les questions qui pourraient lui être soumises*[1].

Je consultai donc le *Moniteur*, et je vis qu'il n'y avait point d'accord entre les votes du député de Châlons-sur-Marne et ses professions de foi.

J'écrivis à ce sujet une étude politique et morale, à laquelle j'ai donné le titre de : *Noir et Blanc*, et que je terminais, le 15 mai 1869, par les lignes suivantes :

« Nous savons bien que nous prêchons dans le désert, mais, sans nous laisser décourager par l'apathie des honnêtes gens, et par la jalousie et l'envie des incapables et des impuissants, nous avons voulu signaler ce mal social qu'on a appelé l'hypocrisie moderne, et cet esprit d'opposition systématique dont sont esclaves ceux-là mêmes qui se disent les plus indépendants.

. . . .

1. Lettre de M. G. père, du 6 novembre 1864. — On sait qu'à cette époque le droit de réunion n'existait pas.

« Nous ne sacrifierons jamais l'intérêt général à celui d'un parti ou d'une dynastie.

« Et, tout en restant fidèle à nos attachements politiques, à la sainte cause du malheur, nous croyons remplir notre devoir de citoyen en défendant sous tous les régimes l'ordre, le progrès et la vraie liberté contre ceux qui sont assez ignorants et assez aveuglés par l'orgueil et l'ambition, pour nous préparer une nouvelle révolution qui sera la ruine de tous les intérêts respectables. »

Je corrigeais les premières *épreuves* de ma future brochure, lorsqu'un journal de Reims, *l'Indépendant Rémois*, publia, le 7 mai 1869, un article signé P. P., dans lequel il disait :

« Demain doit paraître à Châlons, un *factum* tiré à *sept mille exemplaires*, et *aux frais de l'administration*. Ce *factum*, que nous avons *sous les yeux*, et qui est dirigé contre M. G. père, examine comment le député de Châlons a rempli le mandat qui lui a été confié en 1865.

. . . .

« Puisqu'on nous y provoque, nous établirons le bilan de de M. G. père, et ses concitoyens verront qu'il y a à son actif assez de votes fermes et dignes, et qu'il n'a point de leçons de libéralisme à recevoir de M. le Préfet de la Marne, ni de *ses secrétaires*. »

Cet article me désignait clairement, ainsi que mon imprimeur, puisqu'on n'avait pas vu paraître à Châlons, et depuis plusieurs années, d'autres brochures *politiques* que les miennes. et qu'elles étaient toutes imprimées chez M. T. M., le gérant bien connu du *Journal de la Marne*.

Cela était de notoriété publique. non-seulement à Châlons. mais dans les principales villes du département de la Marne où j'ai fait annoncer par les journaux. afficher et mettre en vente mes divers opuscules.

Le 7 mai 1869. les rédacteurs de *l'Indépendant Rémois* ne pouvaient avoir sous les yeux qu'une partie du prétendu *factum*, puisque c'est seulement le 15 que les dernières pages du manuscrit de *Noir et Blanc* ont été remises à mon imprimeur.

Et non-seulement ce journal profitait d'une épreuve manifestement soustraite, pour commettre une indiscrétion nuisible. en violant les secrets d'un auteur, mais il rendait compte sans bonne foi d'une œuvre qui était encore inachevée. et de manière à en donner au public une idée fausse et à la ridiculiser.

L'Indépendant Rémois faisait plus encore : il me diffamait indignement. et excitait contre moi les passions du public. lorsqu'il avançait que l'administration payait les frais de ma nouvelle brochure.

Je ne crois pas qu'il soit possible de faire une

injure plus grave à un écrivain indépendant, et qui a tout sacrifié à ses convictions politiques, que de le représenter comme capable de livrer sa plume à une autorité quelconque, et de recevoir le prix d'une honteuse complaisance.

La calomnie, inventée par le journal de Reims, fit du bruit, particulièrement à Châlons, où je n'avais pas caché que je travaillais à un écrit dans lequel je passais en revue les actes de la vie politique de M. G. père.

Cette calomnie trouva des échos parmi les *bons amis* du député châlonnais, et ils augmentèrent le mal en y ajoutant leurs dangereux commentaires.

Le *Journal de la Marne* du 11 mai 1869, après avoir reproduit les premières lignes de l'article de *l'Indépendant Rémois,* qui recevaient ainsi la plus grande publicité, répondit à ce qu'on pouvait regarder comme une sorte de provocation :

« Si M. P.-P., le rédacteur de *l'Indépendant,* voulait bien nous communiquer l'exemplaire de ce *factum* qu'il a en ce moment *sous les yeux,* nous lui en serions très-reconnaissants. A Châlons, il est d'autant plus difficile de s'en procurer, qu'il n'y a été publié, à notre connaissance, aucun *factum* dirigé contre qui que ce soit, tiré à *sept mille* ou à un nombre quelconque d'exemplaires, et dont l'administration aurait fait les frais. . . . . »

L'Indépendant répliquait en ces termes le 13 mai 1869 :

« Le *Journal de la Marne* nous demande communication du *factum* dirigé contre M. G. père, et dont nous avons parlé ces jours derniers. Il assure qu'à Châlons il est très-difficile de s'en procurer un exemplaire : est-ce à dire que, soit à cause de notre indiscrétion, soit par un scrupule tardif, on a renoncé à cette publication ? Nous ne savons. Ce serait alors une raison de plus pour nous de ne point nous dessaisir de l'*épreuve* que nous avons entre les mains. Le *Journal de la Marne* peut s'en procurer facilement une semblable à l'imprimerie de M. T. M., où on ne la lui refusera pas.

« Nous n'avons pas l'espoir d'obtenir de l'administration l'aveu des *subventions* qu'elle peut accorder aux publications électorales officieuses. . . . . »

Ainsi, c'est bien une *épreuve* que *l'Indépendant* avait *entre les mains*, c'est-à-dire une feuille d'impression sur laquelle un auteur indique les corrections, les changements que devra faire son imprimeur.

J'avais l'habitude de voir plusieurs épreuves avant de laisser *tirer*, et, jusqu'au dernier moment, j'ai dû retoucher mon travail.

L'Indépendant, qui ne peut pas ignorer les devoirs de la presse, ses règles fondamentales, commettait une faute que tous les écrivains et imprimeurs n'hésiteront pas à condamner comme elle mérite de l'être.

Il acceptait cette chose imparfaite, inachevée, qu'on appelle une *épreuve,* et bien qu'il en connût la source, il s'en servait pour diffamer un auteur.

Ce journal savait certainement que l'*épreuve* de ma brochure venait d'une imprimerie de Châlons, et ne pouvait être entre ses mains que par suite d'une soustraction, et dans l'intérêt de la candidature de M. G. père, non-seulement il ne se faisait pas le moindre scrupule de violer les secrets et les droits d'un auteur, mais son impudence allait jusqu'à nommer et railler mon imprimeur.

« Le *Journal de la Marne,* disait-il, peut s'en procurer facilement *une semblable* à l'imprimerie de M. T. M., où on ne la lui refusera pas. »

L'Indépendant me diffamait de nouveau, et d'une manière non moins grave, en faisant entendre très-clairement que *l'administration* accordait une *subvention* à ma publication *officieuse.*

Et comme, pour employer les expressions d'un auteur célèbre[1], il n'y a pas de plate méchanceté, pas de conte absurde qu'on ne fasse adopter aux oisifs d'une ville et aux esprits bornés et crédules de la

---

1. Beaumarchais.

campagne, en s'y prenant bien, les deux articles de *l'Indépendant rémois* semèrent la calomnie qui grandit à vue d'œil, m'enveloppa, et devint plus tard un cri général, un *chorus* universel de haine et de proscription. Comment aurais-je pu y résister ?

———

Une *épreuve* de ma brochure avait été évidemment soustraite à mon préjudice, et le jour même où parut le second article diffamatoire de *l'Indépendant rémois* du 13 mai 1869, j'allai à l'imprimerie de **M. T. M.**, et j'interrogeai le prote de ce dernier, le nommé Louis P. ; son attitude et ses réponses évasives me firent penser qu'il était l'auteur de la soustraction.

Il me dit que son intention était de se rendre à Reims, pour s'y expliquer avec le rédacteur en chef de *l'Indépendant rémois*, M. Gustave I., c'est-à-dire, pour se concerter avec ce dernier.

Il partit en effet, et revint dans la soirée du 13 mai, porteur d'une lettre qu'il remit le lendemain matin à son patron, M. T. M.

Voici cette lettre :

« Reims, 13 mai.

« Monsieur,

« Mon collaborateur, M. P. P., a reçu, il y a quelques jours, une *copie* d'un assez long passage sur la contrainte par corps, qui était donné comme le texte d'une brochure qui devait paraître chez vous le lendemain. On me dit aujourd'hui que ce texte n'est pas complet;   je suis, vous le pensez bien, dans l'impossibilité de vérifier cela, tant que la brochure n'aura pas paru.

« *La lettre d'envoi n'était pas signée;* nous en avons fait usage, parce que des personnes connaissant Châlons nous ont affirmé qu'en effet une brochure dans ce sens devait paraître.

« Répondant à votre journal, en l'absence de M. P. P., et ayant entendu parler dans cette affaire du nom de votre imprimerie, j'ai employé *improprement* le mot d'*épreuve.*

« Aucun de vos ouvriers ne peut donc être compromis dans cette affaire.

« Agréez, monsieur, avec mes regrets d'un malentendu qui n'est pas, il me semble, du ressort de la publicité, l'assurance de mes sentiments distingués.

Signé : Gustave I.

« Je conserve votre lettre, bien qu'elle m'ait été réclamée, sans que j'en puisse bien comprendre la raison, par le porteur. Si vous le désirez, j'en enverrai une copie à M. Biston.... »

Le rédacteur en chef de *l'Indépendant rémois* appelle cela un *malentendu,* et on sent que la *publicité* lui fait peur.

Sa lettre n'est évidemment qu'un système de défense préparé avec le *prote* de mon imprimeur, pour couvrir la faute de tous ceux qui pouvaient être compromis dans cette affaire.

On verra plus loin pourquoi M. G. I. emploie ici le mot *copie*, tout en reconnaissant que mon écrit n'avait pas encore paru, et que *la lettre d'envoi* n'était pas signée :

« S'il a fait usage du texte, dit-il, c'est parce que des personnes connaissant Châlons lui ont affirmé qu'en effet une brochure dans ce sens devait paraître. »

Ces personnes *connaissant* Châlons n'avaient sans doute pas caché le nom de l'auteur à **M. Gustave I.**, et d'ailleurs, l'*épreuve* qui était *entre les mains* de celui-ci renfermait une note qui me désignait suffisamment, puisqu'elle était relative à mon opuscule intitulé : *Défense des maires de Champagne*[1].

Il est bien permis de croire que la prétendue *lettre d'envoi* n'était pas autre chose que le premier article diffamatoire, inséré dans *l'Indépendant rémois* des 7 et 8 mai, et, ce qui est remarquable, *à la suite* de la circulaire électorale de **M. G.** père.

Au reste, les explications du journaliste de Reims sont bien celles d'un homme pris sur le fait, et pour

1. Les journaux de Reims me connaissaient parfaitement et faisaient encore mention, en 1869, de mes articles sur le *Buste de M. de Jessaint.*

faire comprendre combien elles sont absurdes, ridicules, je transcris l'article que le *Journal de la Marne* publiait le 14 mai 1869.

Voici cet article :

« Nous imprimons en ce moment une brochure politique qui porte ce titre : *Noir et Blanc, ou discours, votes et professions de foi d'un député châlonnais.*

« L'auteur, M. P. Biston, nous a remis avant-hier, 13 mai, à trois heures et demie, les dernières pages de son manuscrit.

« *L'Indépendant rémois* ne peut donc pas avoir eu *sous les yeux,* ou *entre les mains,* comme il le dit dans son numéro du 13 courant, une *épreuve* de ce qu'il veut bien appeler un *factum.*

« On a si peu renoncé à cette publication, que l'auteur se propose d'envoyer un exemplaire de sa brochure à *l'Indépendant rémois.*

« Si la première *épreuve* d'une partie du travail de M. Biston est entre les mains de notre confrère, il est évident qu'on n'a pu la lui communiquer, qu'en employant des moyens déloyaux et frauduleux.

« Et nous n'hésitons pas à dire que ceux qui ont sollicité, reçu une pareille *épreuve* et en ont fait usage, sont aussi et plus coupables que celui qui a consenti à la livrer.

« Nous ne croyons pas qu'on puisse citer un fait semblable dans l'histoire de la presse : non-seulement *l'Indépendant rémois* n'a pas repoussé une communication qui ne pouvait être que le résultat d'un abus de confiance, mais il s'en est servi et y a ajouté des insinuations qui seraient diffamatoires, s'il avait eu le courage de parler plus clairement.

« *L'Indépendant rémois* attaque tous les jours, et depuis plusieurs semaines, les candidats de notre département qui ont appartenu à la majorité de la dernière Chambre ; il examine leurs actes et juge sévèrement leur conduite politique, et, chose singulière ! cet estimable journal trouve mauvais qu'un électeur demande compte au député de sa circonscription de ses paroles et de ses actes, et montre qu'ils ne ressemblent pas plus à ses professions de foi, que le *noir* ne ressemble au *blanc.*

« Et voilà comment *l'Indépendant rémois* comprend la liberté électorale, et l'honneur, les devoirs de la presse !

« P. S. Ces lignes étaient écrites, lorsque nous avons reçu de M. Gustave I. une lettre dans laquelle il nous assure que si le nom d'*épreuve* a été employé, c'est le résultat d'une erreur involontaire.

« *L'Indépendant rémois* n'aurait reçu communication que d'une simple copie manuscrite.

« Sans nous arrêter à ce qu'il y a, au premier abord, d'étrange dans la confusion que le rédacteur de *l'Indépendant* a pu établir entre deux choses aussi différentes, nous lui répondrons que sa déclaration ne détruit en rien les observations qui précèdent. *Épreuve* ou copie, le texte dont parlait *l'Indépendant rémois* n'a pu lui parvenir que de la manière que nous avons qualifiée plus haut, et sur laquelle nous laisserons, quant à présent, l'opinion publique se prononcer.

« Nous nous réservons de vider cet incident après la période électorale. »

Il était urgent, pour mettre fin à cette polémique

commencée par *l'Indépendant rémois* dans une intention calomnieuse, de rechercher comment ce journal avait pu se procurer une *épreuve* de ma brochure.

Je me rendis, le 14 mai au soir, chez M. Louis P., prote de M. T. M., je l'interrogeai une seconde fois, et je cherchai à lui faire comprendre que l'intérêt public, le mien propre, celui de son patron et des ouvriers de l'imprimerie devaient l'engager à dire la vérité.

Louis P. finit par m'avouer sa faute, et le lendemain, 15 mai, il me remit la copie d'une lettre qu'il avait envoyée à M. G. père, la réponse de celui-ci, et un billet renfermant un *récit* de M. Henry G. fils.

Je publie ces trois pièces précieuses et qui répandent un grand jour sur les honteuses machinations dont j'ai été victime à Châlons.

I.

« COPIE TEXTUELLE DE LA LETTRE ENVOYÉE PAR MOI
A M. G.

« Châlons, le 15 mai 1869.

« Monsieur G.,

« Il y a huit jours, j'ai eu le malheur de remettre une *épreuve en paquets* à votre fils, en lui recommandant de la détruire, aussitôt que vous l'auriez vue.

« Ceci n'a été fait par moi que comme un avertissement pour vous mettre sur vos gardes, et non par but de spéculation.

« Au lieu de détruire cette *épreuve*, qu'en a-t-on fait?

« Elle a été colportée dans le public, puis de là envoyée à Reims, accompagnée d'une lettre anonyme.

« Par qui cet envoi a-t-il été fait, je ne le sais.

« J'ai voulu vous servir, parce que vous êtes Châlonnais ; je me suis perdu comme typographe.

« Trente-quatre ans de service sont ainsi perdus pour moi par mon imprudence ; qu'en adviendra-t-il, Dieu seul le sait !

« L'honneur de la maison et des ouvriers de M. M. a été compromis.

« Je dois à M. M. et à ses ouvriers une réparation au grand jour.

« Ce que je demande à votre loyauté, Monsieur, est non pas de déclarer par parole, mais par écrit, que c'est la première fois que pareil fait a été commis par moi, M. M. étant en droit de m'accuser d'avoir abusé de sa confiance depuis longtemps.

« Signé : L. P. »

« P. S. Hier soir, j'ai fait l'aveu de ma faute à M. Biston. Je devais cette première réparation à l'honneur de mon patron. J'attends votre réponse chez moi, car j'ai quitté hier soir l'imprimerie pour aller je ne sais où, ma carrière étant brisée. »

Cette lettre, écrite avec une évidente sincérité, n'a pas besoin d'un long commentaire.

Elle est accablante pour MM. G. père et fils, et par l'acceptation de l'*épreuve en paquets* de ma brochure, dont la *destruction* leur avait été recommandée, ils sont devenus responsables du colportage de cet écrit dans le public, de son envoi à Reims, et de leurs conséquences.

Et on voit que Louis P., soulagé par l'aveu de sa faute, se sent fort vis-à-vis de ceux qui l'ont perdu, car il ne craint pas de demander au candidat châlonnais, et avec un certain ton d'autorité, non pas une déclaration verbale, mais une déclaration écrite qui serve à réparer au grand jour le mal fait à l'honneur de la maison et des ouvriers de M. T. M.

II.

« Châlons-sur-Marne, le 15 mai 1869.

« Monsieur P.,

« Un matin de la semaine dernière, vers les cinq heures, alors que j'étais encore au lit, mon fils est venu me lire une *épreuve* d'un pamphlet qu'on allait publier contre moi; je ne lui ai pas demandé de qui il la tenait, et comme j'avais passé une bonne partie de la nuit à répondre à de nombreuses lettres de la veille, je me suis rendormi quelques heures sans me préoccuper davantage des attaques dont j'allais être l'objet, si bien qu'en lisant au Cercle *l'Indépendant*, et en y voyant qu'il avait dans les mains le *factum* dont il s'agissait, j'ai tout simplement cru que plusieurs exemplaires avaient probablement déjà paru et que nous allions en voir de tous les côtés.

« Votre lettre d'hier est venue m'expliquer ce qui avait eu lieu ; celle d'aujourd'hui me peine bien vivement et vous pouvez être sûr que si mon fils, par une étourderie dont je regrette les conséquences, a pu vous causer un préjudice quelconque, je suis tout prêt à le réparer.

« J'ai eu à me plaindre de M. M. qui a été longtemps un de mes bons camarades, et nos rapports d'aujourd'hui ne me permettent guère d'intervenir auprès de lui en votre faveur.

« Cependant, si pénible que soit une démarche de ma part auprès de lui, je suis prêt à la faire.

« Car enfin, je suis étranger à tout ce qui s'est passé à l'égard de ce *factum,* et c'est spontanément que vous l'avez communiqué à mon fils.

« M. M. comprendra que, par conséquent, il n'y a eu de la part de mon fils aucune démarche auprès de vous pour vous arracher les secrets de votre imprimerie.

« Si vous ne voulez pas que je voie M. M., voulez-vous que je m'occupe de vous chercher une place ?

« Je vous envoie mon fils. Causez-en avec lui, je ferai ce que vous voudrez.

« Recevez avec tous mes regrets mes amitiés bien sincères.

« Signé : G.

« J'atteste d'ailleurs sur mon honneur que jamais je n'ai reçu de vous la moindre communication sortant de l'imprimerie de M. M., et que l'épreuve que vous avez apportée à mon fils, sans qu'on vous l'ait demandée, est la seule pièce que vous nous ayez jamais livrée dans les conditions qui vous sont reprochées aujourd'hui.

« Signé : G. »

On prétend qu'un coupable a le droit, pour se défendre, d'offenser la vérité, mais il me semble que M. G. père passe les bornes et abuse de son droit.

Après avoir accepté une *épreuve en paquets,* c'est-à-dire une chose qui avait été évidemment soustraite, puisqu'elle ne pouvait se trouver légitimement qu'entre les mains de l'aûteur ou de l'imprimeur, M. G. père commence sa lettre, en faisant une histoire plaisante et vraiment instructive, par rapport à l'éducation de certaines gens.

Un matin, selon M. G. père, vers les cinq heures, alors qu'il était encore au lit, son fils entre dans sa chambre, le réveille et lui lit l'*épreuve* d'un pamphlet qu'on allait publier contre sa candidature.

Et cela paraît si peu extraordinaire à M. G. père, qu'il ne fait aucune observation, n'adresse aucune réprimande à son fils, et ne lui demande même pas de qui il tenait l'*épreuve* de ce *pamphlet !*

Fatigué par ses veilles électorales, M. G. père se

rendort quelques heures, sans se préoccuper davantage des attaques dont il allait être l'objet.

« Lorsqu'il s'agit de démasquer la mauvaise foi, écrivait, il y a près de quatre-vingts ans, un savant et habile praticien, il n'est pas de moyen plus certain, ni plus lumineux, que la preuve qui résulte de la fausseté des assertions qui forment le tissu de l'histoire imaginée pour établir un fait[1]. »

Si cela est vrai, la mauvaise foi de **M. G.** père ne sera pas difficile à prouver.

Ce n'est pas à cinq heures du matin, mais à cinq heures du soir, et le jeudi, 6 mai, que l'*épreuve* a été remise à son fils par le prote de l'imprimerie de **M. M.**

M. G. fils n'a donc pas été obligé de troubler le sommeil de son honorable père, pour lui lire l'*épreuve* de mon *pamphlet,* et la vérité est que ce dernier avait lu de ses propres yeux, et avec une telle attention, ce petit écrit, que dans la soirée du 6 mai, il en parlait au Cercle et en citait même plusieurs passages.

M. G. père a l'air d'ignorer ce qu'il savait mieux que personne, et ses précautions maladroites démontrent encore sa mauvaise foi.

Il a grand soin de ne pas me nommer dans sa

---

1. Extrait d'une lettre datée du 4 ventôse an **VI**, et adressée par le citoyen Gobert, de Châlons-sur-Marne, à mon grand-père.

lettre, et bien qu'il connaisse parfaitement mon imprimeur, son ancien camarade, et le prote de celui-ci, avec lequel il est lié depuis vingt ans [1], le candidat châlonnais cherche à faire croire qu'il avait besoin de demander d'où venait le *pamphlet!*

L'artifice de M. G. père devient grossier, lorsqu'il dit :

« En lisant au Cercle *l'Indépendant,* et en y voyant qu'il avait dans les mains le *factum* dont il s'agissait, il a *tout simplement* cru que plusieurs exemplaires avaient *probablement* déjà paru et qu'on allait en voir de tous les côtés. »

Non, M. G. père ne pouvait pas *tout simplement* croire que plusieurs exemplaires avaient *probablement* déjà paru *le 6 mai,* car, après la correction des *épreuves en paquets,* des *épreuves mises en pages* de ma brochure, il fallait, avant toute publication, la faire tirer, brocher et déposer.

M. G. père, en supposant une chose absolument impossible, s'imagine échapper à la responsabilité qui résulte pour lui de l'acceptation de l'*épreuve* de ma brochure, de son colportage et de son envoi à Reims.

Il se trompe lourdement, et j'ajoute que s'il est

---

1. Louis P. est entré à la Société de secours mutuels de Châlons, lors de sa création, en 1850, et en même temps quo M. G. père.

allé au cercle comme il le dit, pour y lire *l'Indépendant rémois,* c'est parce qu'il savait qu'il y trouverait
sa *circulaire électorale* immédiatement suivie de l'article diffamatoire du 7 mai.

Dans cet article, on se sert, comme M. G. père,
dans sa lettre du 15 mai, du mot *factum,* et on
annonce que ma brochure doit être tirée à *sept mille
exemplaires.*

Ce gros chiffre explique pourquoi M. G. père dit
qu'il avait *tout simplement* cru qu'on allait en voir de
tous les côtés, mais il ne suffit pas d'employer des
mots vagues, pour faire admettre que le candidat
châlonnais soit resté *étranger à tout ce qui s'est passé
à l'égard du factum,* et qu'*il n'y ait eu de la part de
son fils,* ou de ses innombrables agents, *aucune démarche
pour arracher des secrets* à Châlons ou ailleurs.

« La lettre d'envoi n'était pas signée, écrit le rédacteur
en chef de *l'Indépendant rémois,* à la date du 13 mai, nous
en avons fait usage, parce que des personnes, *connaissant
Châlons,* nous ont affirmé qu'en effet une brochure dans ce
sens devait paraître. »

Ces personnes *connaissant Châlons* et intéressées à
donner à *l'Indépendant* des renseignements et même
de fausses nouvelles, étaient, tout l'indique, MM. G.
père et fils, auxquels une *épreuve en paquets* avait été

livrée le **6** mai, à cinq heures du soir, et qui ont mis un tel empressement à l'envoyer à Reims, que j'étais diffamé, dès le lendemain, par un article que **M. P. P.** a bien voulu signer.

La vérité est là, dans ces dates, qui ont une force de démonstration que rien ne détruira.

M. G. père tient beaucoup à ce qu'on croie que l'*épreuve* de ma brochure n'a été demandée, ni par lui, ni par les siens ; il insiste même, d'une manière maladroite, sur ce point, dans sa lettre du 15 mai où il présente à l'avance ses moyens de défense.

Mais néanmoins, le fait de l'acceptation d'une chose soustraite, et soustraite dans son intérêt, pour lui servir d'*avertissement* et le *mettre sur ses gardes,* ce fait, dis-je, lui paraît assez grave, pour qu'il écrive au prote de mon imprimeur, qu'il est *tout prêt à réparer le préjudice quelconque* causé par l'*étourderie* de son fils, à faire une *démarche pénible* près de son patron, et à lui chercher une place.

On remarquera que **M. G.** père n'adresse aucun reproche à l'ouvrier infidèle, et d'un autre côté, il est difficile de penser que celui-ci eût osé lui offrir une *épreuve soustraite,* s'il n'avait pas su que la délicatesse du candidat châlonnais ne l'empêcherait pas d'accepter un semblable présent et d'en faire son profit.

Le prote Louis P. avait écrit à M. G. père :

« *J'attends votre réponse chez moi ;* » le candidat obéit et lui répond : « *Je vous envoie mon fils ; causez-en avec lui, je ferai ce que vous voudrez.* »

Enfin, après l'avoir assuré de son amitié, M. G. père donne la déclaration écrite qu'exigeait l'ouvrier dont il a causé la ruine.

Il faut, pour qu'un homme descende jusque-là, qu'il ait le sentiment d'une faute grave commise par lui, et qu'il soit contraint de se soumettre à la nécessité de la réparation.

M. G. père a beau chercher à se cacher derrière son fils, dont il parle jusqu'à six fois dans sa lettre du 15 mai, la vérité lui échappe, malgré ses efforts pour la dissimuler. lorsqu'il dit, dans son attestation : « *l'épreuve... est la seule pièce que vous nous ayez jamais livrée dans les conditions qui vous sont reprochées aujourd'hui.* »

Tous les deux etaient donc également compromis, puisqu'ils avaient accepté une chose frauduleusement soustraite et l'avaient fait servir à leurs mauvais desseins.

III.

BILLET DE LA MAIN DE LOUIS P.

« Le 15 mai 1869, dix heures.

« Il résulte de mon entrevue avec M. G. fils, que l'*épreuve* qui devait être détruite, a été prise sur son bureau par un de ses amis, qui l'a *recopiée,* puis envoyé la copie à *l'Indépendant;* ensuite, l'*épreuve,* qui était restée entre les mains de cet ami (M. G. fils la croyant détruite) a été expédiée à *l'Indépendant.* Voici le récit qui m'a été fait. Des offres de service me sont faites. Je les refuse. Je ne veux pas aggraver ma faute. Je vous prie de me faire remettre la lettre de M. G. »

« Voici le récit qui m'a été fait, » écrit le prote Louis P., et on comprend par ces quelques mots qu'il n'en est pas satisfait.

La fable extravagante de M. G. fils est encore plus absurde que la lettre de M. Gustave I.

Cet intéressant jeune homme parle comme un accusé qui tente une défense impossible.

M. G. père désirait vivement qu'on lui remît sa longue et maladroite lettre du 15 mai, cela n'étonnera personne, mais les honnêtes gens regretteront que ce personnage se soit exposé à un refus, en faisant des offres de service au pauvre ouvrier.

La révélation de toutes ces manœuvres faisait dire au *Courrier de la Champagne*, le 16 mai 1869, et en réponse à un article de *l'Indépendant rémois* :

« Allez, allez, messieurs, vous êtes coutumiers du fait, et votre loyauté se fait applaudir de la Champagne entière. »

On aurait pu ajouter avec Beaumarchais : « que de mensonges entassés pour cacher un seul fait ! »

Le prote Louis P., victime de son imprudence et de sa faiblesse, s'efforçait de rentrer dans l'atelier de mon imprimeur, et avec l'espoir d'obtenir son pardon, il m'avait prié de communiquer à son patron les trois pièces qu'on vient de lire.

Il autorisait même la publication de la lettre qu'il avait adressée à M. G. père, le 15 mai, et par laquelle il faisait des reproches au candidat châlonnais.

En voici la preuve :

« Châlons, le 16 mai 1869.

« Monsieur M.,

« J'ai manqué d'une manière très-grave aux règles de la typographie. J'ai été emporté par un mouvement irréfléchi. Inutile de vous dire ce que j'endure depuis huit jours. Si, pour une première faute, votre pardon ne m'est pas accordé, je vous prie de me le faire savoir. Je vous dois encore mes services jusqu'à mon remplacement. Si les ouvriers que vous occupez veulent me recevoir comme par le passsé, je suis à votre disposition. J'ai une faute à expier et des devoirs à remplir.

« Faites tel usage de ma lettre que vous voudrez dans votre prochain numéro (celle que j'ai écrite à M. G.).

« Je vous prie d'agréer mes excuses et de croire à mon repentir bien sincère.

« Signé : L. P. »

Convaincu que le prote Louis P. n'avait été que l'instrument de la famille G., je joignis mes efforts aux siens, pour lui faire recouvrer sa place à l'imprimerie de M. M.

Tout fut inutile, et je ne pus obtenir qu'un *certificat* que le patron me donna pour l'ouvrier dont il ne voulait plus accepter les services.

Dès que le prote Louis P. vit que sa position était définitivement perdue, il changea tout à coup de ton, de langage ; il réclama la lettre de M. G. père, et avec une telle insistance, que je fus obligé de lui écrire ce qui suit, le 17 mai :

« M. M. a bien voulu donner à M. Louis P., et sur ma demande, le *certificat* que je lui adresse par l'intermédiaire de la poste.

« Quant à la lettre de M. G. père, qui m'a été remise par M. L. P., le samedi 15 courant, elle a été déposée chez mon avoué, et doit servir à la défense de mes droits indignement violés.

« M. Louis P., qui a soustrait, au profit de M. G. père,
une *épreuve* de ma brochure, voudrait lui sacrifier mes intérêts et l'intérêt public ; je ne suis pas homme à le souffrir.

« Signé : P. BISTON. »

Le prote Louis P., redevenu le serviteur dévoué
de M. G. père, a dû lui communiquer cette déclaration écrite, car, à partir de ce moment, les partisans
du candidat châlonnais me diffamèrent de plus belle,
et en même temps, ils feignaient de ne pas comprendre
les faits que le *Journal de la Marne* leur avait cependant exposés avec une grande clarté.

Le rédacteur de cette feuille, pour vaincre leur
malin vouloir, fit paraître, le 18 mai, un article qu'il
est bon de citer :

« Un certain nombre de nos abonnés, disait-il, n'auraient
pas complétement saisi le sens de notre article du 15 mai,
relatif à la communication faite à notre insu de l'*épreuve*
d'une brochure dont l'impression nous avait été confiée.

« Nous sommes donc forcé de préciser les faits, ne fût-ce
que dans l'intérêt de nos ouvriers, et pour mettre fin au
fâcheux soupçon dont ils ont pu être l'objet pendant quelques
jours.

« Nous avions reçu les premières feuilles manuscrites
d'une brochure intitulée *Noir et Blanc.*

« Le chef de notre atelier, dans un moment de faiblesse,
a détourné une *épreuve* et l'a livrée à une personne dont
nous voulons taire le nom.

« Des mains de cette personne, cette *épreuve* a passé dans celles du directeur de *l'Indépendant rémois* qui, dans son numéro des 7 et 8 mai, en a fait l'objet d'insinuations mensongères et malveillantes à notre égard comme à l'égard de l'auteur.

« Et c'est ainsi que les secrets d'une imprimerie et les droits d'un auteur ont été violés.

« C'est ainsi encore qu'un malheureux ouvrier, père de famille, se trouve gravement compromis et a perdu sa position.

« Les réflexions que nous inspire ce triste incident sont de telle nature, que nous préférons, quant à présent, nous borner à en appeler à la conscience publique.

« Les faits sont précis, certains, et si quelqu'un osait les contester, nous pourrions publier ce que nous appelons dès ce moment les pièces du procès. »

Le *Journal de la Marne* ajoutait en forme d'avis :

« La brochure intitulée *Noir et Blanc* a été déposée, conformément à la loi, le 17 courant, au parquet de M. le Procureur impérial et à la préfecture de la Marne.

« L'acte de dépôt constate que le nombre d'exemplaires tirés est de 200.

« M. P. Biston, voulant consacrer toute l'édition à ses *envois d'auteur,* aucun exemplaire ne sera vendu. Il a dû prendre cette détermination en présence des indiscrétions dont sa brochure a été l'objet, avant qu'elle ne parût. »

Ces mots : « et si quelqu'un osait contester les faits, nous pourrions publier ce que nous appelons dès ce moment les pièces du procès, » ces mots, dis-je, étaient assez significatifs et devaient engager M. G. père et ses partisans à être prudents; mais décidés à tout braver, ils s'obstinèrent à nier la vérité, et le 20 mai, *l'Indépendant rémois* insérait dans ses colonnes une note ainsi conçue :

« **Marne. — Châlons.**

« Le *Journal de la Marne* revient pour la troisième fois au moins sur le fait d'une *épreuve* qui nous a été adressée d'une brochure fort peu intéressante, du reste, dirigée contre M. G. En nous adressant cette *épreuve,* on nous annonçait que cette brochure devait paraître le lendemain à Châlons. Nous devions donc nous croire autorisé à mentionner cette brochure, puisque notre article devait n'être connu à Châlons qu'après la mise en vente de la brochure, et nous n'avions pas lieu de nous étonner que des épreuves pussent circuler d'une brochure prête à paraître. Nous n'avons même pas fait en réalité usage de l'*épreuve* communiquée, puisque nous nous sommes borné à constater qu'on y retrouvait les arguments que nous relevions déjà dans le *Journal de la Marne.* Si donc, M. M., comme imprimeur, a à se plaindre d'une indiscrétion, il a tort de s'en prendre à nous, qui ne l'avons ni sollicitée, ni connue, et il a tort surtout de nous accuser d'avoir compromis un ouvrier, lorsqu'il sait bien que nous avons fait le possible et l'impossible pour sauver sa position, sans autre intérêt qu'un mobile d'humanité.

« La brochure, du reste, est publiée, et le *Journal de la Marne* annonce qu'en présence des indiscrétions dont elle a

été l'objet, l'auteur a décidé de *restreindre* le tirage à deux
cents exemplaires. Ceci est vraiment préjudiciable au candidat indépendant, et augmente singulièrement nos regrets. »

En rapprochant cette note de la lettre adressée, le
15 mai, par M. G. père au prote Louis P., on peut
s'assurer qu'un accord parfait régnait entre le candidat châlonnais, et le rédacteur du *Journal de Reims*,
et il n'est pas surprenant de les voir employer les
mêmes moyens de défense, puisque tous deux avaient
commis la même faute.

M. G, père, auquel une *épreuve en paquets* de ma
brochure avait été remise le 6 mai, à cinq heures du
soir, écrit le 15 :

« ..... En lisant au cercle *l'Indépendant*, et en y voyant
qu'il avait dans les mains le *factum* dont il s'agissait, j'ai
tout *simplement* cru que plusieurs exemplaires avaient *probablement* déjà paru et que nous allions en voir de *tous
les côtés.* »

Le *Journal de Reims*, auquel l'*épreuve en
paquets* avait été adressée, le jour même où elle avait
été soustraite, c'est-à-dire le jeudi 6 mai, dit dans
son article du 20 :

« ..... Nous n'avions pas lieu de nous étonner que *des
épreuves* pussent circuler d'une brochure prête à paraître. »

Le fond de ces explications est le même, et la vérité y est également altérée par la mauvaise foi.

On sent que le journaliste rémois et M. G. père, qui ne sont certes pas étrangers aux choses de l'imprimerie, tentent l'impossible pour se tirer d'un mauvais pas.

Ils font les ignorants et feignent de croire que ma brochure devait paraître le jour même où ils avaient reçu l'*épreuve en paquets* soustraite par le prote Louis P.

Mais cette *épreuve* ne renfermait que les dix-neuf premières pages de mon travail, et *l'Indépendant* et M. G. père savaient très-bien que la publication ne pouvait pas avoir lieu avant plusieurs jours, puisque j'avais encore à terminer ce travail, à en corriger les épreuves, et enfin, à le faire tirer, brocher et *déposer* conformément à la loi.

En résumé, *l'Indépendant rémois* a accepté, sans le moindre scrupule, une chose manifestement soustraite et qui lui était adressée par un *anonyme;* il a fait en réalité usage de ce qu'il appelle une *épreuve communiquée* (je l'ai déjà prouvé), et sacrifiant volontiers les droits et la réputation d'un auteur aux intérêts d'un candidat, il me diffamait, pour la troisième fois, par sa note du 20 mai.

Le *Journal de la Marne* annonçait le 19, que ma brochure avait été déposée le 17, que le nombre d'exemplaires tirés était de deux cents, et qu'ils ne seraient pas vendus.

Le lendemain, le *Journal de Reims* disait :

« La brochure, du reste, est publiée, et le *Journal de la Marne* annonce qu'en présence des indiscrétions dont elle a été l'objet, l'auteur a décidé de *restreindre* le tirage à deux cents exemplaires. »

En employant malicieusement le mot *restreindre*, *l'Indépendant* maintenait implicitement sa diffamation, car ce mot ne pouvait signifier qu'une chose, c'est que, sans les indiscrétions de la feuille rémoise, le tirage de mon opuscule eût été plus considérable et payé par l'administration.

Les faits demeuraient précis, certains, et la diffamation les rendait encore plus honteux.

Personne n'osait les contester, même avant la publication des pièces justificatives, et c'est alors que M. G. père eut l'incroyable audace d'avouer publiquement sa faute et, en même temps, de se dire victime de la calomnie.

Inquiet, tourmenté, il était hors de lui, depuis que le prote Louis P. m'avait fait connaître la vérité, et voulant conjurer le danger dont il se croyait menacé, et assurer, coûte que coûte, le succès de son élection, le candidat châlonnais, habitué à tout oser avec *ses vrais amis,* dicta sans rougir à son fils mineur et lui fit signer ces lignes dans lesquelles respire une passion violente :

« RÉPONSE DE M. HENRY G. FILS A LA CALOMNIE.

« On répand le bruit que j'ai acheté de M. P., typographe, la communication qu'il m'avait donnée, il y a douze jours d'une feuille *d'épreuve* du libelle publié contre mon père.

« Je défie le lâche exploiteur de cette ignominie de formuler carrément son accusation.

« Puisqu'il a des lettres dans les mains, qu'il ose donc les publier.

« M. P. est venu, de lui-même, m'apporter cette page *d'épreuve,* en me disant que je pourrais en faire ce que je voudrais, à la condition de taire son nom.

« Voilà la vérité !

« Eh bon Dieu ! quel intérêt avions-nous donc à connaître à l'avance toutes ces injures ? Est-ce que tout le monde ne sait pas que l'homme qui les a publiées est tellement venimeux, que s'il était mordu par un aspic, ce n'est pas lui qui mourrait, mais l'aspic qui y perdrait la vie ?

« Signé : HENRY G. (fils).

« Châlons-sur-Marne, le 20 mai 1869. »

Cette *réponse* de M. G. père a été imprimée sur une feuille volante, et *deux mille exemplaires* en ont été distribués à Châlons et dans les environs, le 20 mai 1869, c'est-à-dire le jour même où *l'Indépendant rémois* publiait son dernier article diffamatoire.

La rédaction de la *feuille*, signée : Henry G. fils, est remarquable, et on y reconnaît facilement le style de l'*homme* et ses finesses.

Il y a, dans cette page, des phrases courtes, construites à la façon de M. G. père, et dont tous les termes ont été habilement choisis pour égarer et agiter les esprits.

Sous le faux prétexte de se défendre contre un bruit qui aurait donné à entendre qu'on avait acheté du prote Louis P. l'*épreuve* de ma brochure, M. G. père me charge d'injures, bien qu'il ait accepté et gardé une chose qui m'appartenait et qu'il savait avoir été soustraite.

En finissant, il me traite d'*aspic*, et on verra plus loin que ce mot dangereux a servi de mot d'ordre aux agents et partisans du candidat châlonnais, et que celui-ci, en l'employant méchamment, m'a exposé à la haine publique et a soulevé la multitude contre moi.

Et le jour même où M. G. père faisait distribuer sa *réponse à la calomnie,* il écrivait au rédacteur du

Journal de la Marne, et avec une rare hypocrisie :

« ..... L'aigreur n'est jamais dans mon cœur, et il faut
que je sois bien injustement attaqué, pour que je m'irrite à
mon tour. J'en appelle, d'ailleurs, *à tous mes vrais amis*[1]. »

Si le député châlonnais s'irritait, ce n'est pas parce
qu'il était injustement attaqué, mais parce qu'il se
voyait convaincu d'une action coupable et en redou-
tait les conséquences.

Sa *réponse à la calomnie* contenait encore une
provocation, une sorte de défi, et il fallut bien mon-
trer qu'on osait publier les *pièces du procès.*

C'est ce que fit le *Journal de la Marne* dans son
numéro du 21 mai :

« Nous avons reçu, disait-il, communication d'un écrit
signé Henry G. fils, qui circule depuis hier dans notre ville.

« Cet écrit contient contre l'auteur d'une brochure sortie
de notre imprimerie, de ces injures auxquelles on ne répond
pas.

« Mais, comme imprimeur, nous devons relever le fait
principal articulé dans cette pièce.

« M. P. est venu de lui-même, dit M. G. fils, m'apporter
cette page d'*épreuve,* en me disant que je pouvais en faire
ce que je voudrais, à la condition de taire son nom.

1. Lettre du 20 mai 1869, insérée dans le *Journal de la Marne*
du 21.

« Voilà la vérité! »

« *Voilà la vérité,* dit M. G. fils. Eh bien! c'est précisément cette vérité qui accable M. G. père.

« En acceptant une épreuve qui avait été soustraite dans nos ateliers, M. G. père, qui se couvre aujourd'hui de son fils comme d'un bouclier, s'est rendu complice de ce détournement. Nous le répétons, la question n'est pas ici entre l'auteur de la brochure et M. G., elle est entre l'imprimeur et M. G.

« Devant l'offre qui lui était faite par M. P., M. G. n'avait pas deux conduites à tenir : il devait la repousser hautement et faire comprendre à l'ouvrier ce qu'il y avait dans le fait qu'il accomplissait de compromettant pour tous deux ; il devait surtout le rappeler au vrai sentiment de ses devoirs envers son patron et envers les ouvriers dont il avait la direction.

« Nous aurions voulu jusqu'au bout taire les noms des personnes mises en cause dans cette malheureuse affaire. Le public est témoin que ce n'est pas nous qui avons eu le triste courage de livrer le premier ces noms à la publicité; mais nous ne sommes pas tenu à plus de scrupules que M. G. fils. Aujourd'hui que nous sommes provoqué, nous n'hésitons pas à publier les pièces que nous avons entre les mains et qu'on a eu l'imprudence de nous demander. »

Et le journaliste, après avoir mis sous les yeux de ses lecteurs les pièces justificatives (1° la lettre envoyée par le prote Louis P. à M. G. père, le 15 mai 1869, 2° la réponse de ce dernier, et 3° le billet renfermant

un récit de M. Henry G. fils, datés du même jour),
ajoutait :

« Nous laissons à la conscience des honnêtes gens le soin
d'apprécier les actes et les écrits de MM. G. père et fils, et
ces pièces que nous aurions voulu tenir secrètes ; mais, puisqu'on nous force à les publier, nous dirons, comme M. G.
fils, *voilà la vérité !* »

Les machinations de *l'Indépendant rémois* et du
député châlonnais m'avaient empêché de mettre en
vente ma brochure, et voulant prouver qu'elle n'était
ni un *factum,* ni un *libelle,* ni un *pamphlet,* ainsi que
le prétendait M. G. père, dans sa lettre du 15 mai et
sa *réponse à la calomnie,* je fis savoir que j'en avais
déposé cinq exemplaires à la bibliothèque de la ville
de Châlons-sur-Marne, où tout le monde pourrait la
lire et la juger.

L'agitation des esprits était telle, dès le 21 mai
1869, que l'administration fit publier le communiqué
suivant :

« Il vient de paraître une brochure intitulée *Noir et
Blanc,* dont le journal *l'Indépendant rémois* a attribué à
l'avance l'origine à des inspirations officielles.

« Moins favorisée que le journal de Reims, l'administration préfectorale n'a pu prendre qu'une connaissance tardive

de cette publication, et elle désire qu'il soit bien établi qu'elle lui est restée complétement étrangère. »

Cela n'empêcha pas M. G. père d'adresser, le 21 mai, ce doux billet au gérant du *Journal de la Marne* :

« Monsieur,

« Veuillez me dire si oui ou non vous insérerez ma lettre, sans rien omettre, pas même le mot *saletés* adressé à l'œuvre B.

« Je veux la vérité. — Vous devez être honnête, monsieur M. — Vous avez été trompé, reconnaissez-le honorablement.

« Recevez, monsieur, mes salutations empressées.

											« Signé : G.

« J'attends votre réponse de suite. »

Quelle aménité ! et comme on reconnait bien là le style du candidat châlonnais, de l'auteur de la *Réponse à la calomnie !*

Troublé par la publication des pièces dans lesquelles était toute la vérité, et croyant que cette vérité indignerait les électeurs, M. G. père emploie une dernière manœuvre, pour éviter le scandale et attiser le feu des passions qu'il avait excitées contre moi. Et cherchant son salut dans la ruine de ma réputation, il écrit que mon œuvre est une *saleté,* que j'ai trompé mon imprimeur, et comptant avec raison sur l'obéissance aveugle et la complaisance sans bornes de ses *vrais amis,* il les charge de répandre cette nouvelle calomnie.

De son côté, le prote Louis P. qui subissait plus que jamais la fatale influence de son candidat, lui prêtait aide et assistance, autant qu'il le pouvait.

Et il existait, à ce moment, un accord si parfait entre ces deux hommes, que l'ouvrier envoyait à son ancien patron, le même jour, 21 mai, cette lettre dont il demandait la *publication.*

« M. B. s'attribue des droits qui ne sont pas les siens. J'ai fait une faute que je n'aurais pas dû commettre. La lettre que M. G. m'a adressée, n'a été remise par moi à M. B., que parce qu'il se trouvait chez moi, au moment où je venais de la recevoir. Je la lui ai confiée sur sa promesse formelle de me la remettre, après lecture faite par mon patron.

« Quant au billet que je n'ai pas adressé à M. B., ce n'était qu'un résumé que j'avais fait d'une conversation, résumé qui n'était pas destiné à être publié et dont M. B. s'est servi, parce que je lui avais fait ma confession. Ce résumé était fait pour un de mes fils. Je ne sais pourquoi M. B. l'a fait publier. Jamais je ne l'ai autorisé à faire quoi que ce soit pour moi.

« Signé : L. P.

« Châlons, le 21 mai 1869. »

M. M., mon imprimeur, comprit que Louis P. agissait de concert avec M. G. père, qu'il voulait encore servir le candidat châlonnais par des paroles trompeuses, et il ne tint aucun compte du récit de son ancien ouvrier qui, toujours faible, aggravait sa faute par une nouvelle complaisance.

Et comme M. M. voulait la vérité, et avait publié la lettre écrite et signée par M. G. père le 15 mai 1869, sans rien omettre, comme tout honnête homme devait le faire, il lui était impossible d'insérer, dans les colonnes de son journal, une pièce évidemment fabriquée après coup et pour la défense de celui qui avait accepté *l'épreuve* de ma brochure.

Le refus du gérant du *Journal de la Marne* rendit furieux le député de Châlons, et le 22 mai, la veille du scrutin, celui-ci fit remettre, par un huissier nommé Morin, cette dernière lettre à mon imprimeur :

« Châlons-sur-Marne, 22 mai 1869.

« Monsieur,

« Insérerez-vous ma lettre tout entière à P., sans la tronquer?

« Je tiens à ce qu'on sache que je l'ai blâmé, enfin à ce que pas un mot ne soit supprimé ou modifié.

« On ne vous a jamais soumis que des copies *faussées*.

« Si vous ne me donnez ce matin la déclaration formelle de tout reproduire, M. Morin sera obligé de vous faire sommation.

« Évitez-moi tous ces désagréments. Vous avez été le jouet d'un misérable.

« Recevez mes salutations empressées.

« Signé : G.

« La lettre de P. doit être précédée de celle que je vous ai écrite pour vous demander la rectification.

« Vous l'avez promis par écrit. »

En réalité, ce que demandait M. G. père n'était pas une rectification, mais une étrange substitution.

Il tenait beaucoup, cela se comprend, à faire croire qu'il avait blâmé l'ouvrier infidèle, mais malheureusement pour lui, le candidat châlonnais, en écrivant à son ami Louis P., le 15 mai 1869, avait oublié de le réprimander.

Et pour réparer cet oubli, il ose dire avec une hardiesse qui lui est familière, que sa lettre à Louis P. a été tronquée, que des mots y ont été supprimés ou modifiés.

M. G. père ne gardait aucune mesure le 22 mai, et le style de sa deuxième sommation est plus dur et plus violent que jamais.

Son audace augmente avec le danger de sa situation, et il va jusqu'à exiger que la lettre de Louis P. soit précédée de celle qu'il a écrite au gérant du

Journal de la Marne, pour lui demander une prétendue rectification.

Et le candidat châlonnais joue son triste rôle jusqu'au bout, lorsqu'il écrit à M. M. qu'on ne lui a
jamais soumis que des *copies faussées,* et cela, après
avoir vu et lu chez mon avoué sa fameuse lettre du
15 mai 1869.

M. G. père m'avait traité d'*aspic* le 20 mai, et
le 22, il ne craignait pas de dire à mon imprimeur :
Vous avez été le jouet d'un misérable, il donnait ainsi
comme le signal des indignités que j'ai souffertes
depuis le 22 jusqu'au 26 mai 1869.

Il est évident que ces indignités n'ont été que le
résultat des manœuvres et des machinations du candidat châlonnais; ses lettres injurieuses et les
articles diffamatoires de *l'Indépendant* propagés et
commentés par ses parents, amis, agents et partisans,
ont excité les passions de la foule, et devaient néces-
sairement l'exaspérer contre moi.

En effet, dès le samedi, 22 mai 1869, j'étais l'objet de démonstrations hostiles : des jeunes gens me
suivaient partout, jusque dans l'église, et disaient
derrière moi :

« *Il partira.* »

Le 23, vers midi, je fus grossièrement insulté .

rue Saint-Jacques, et à six heures du soir, alors que je traversais la place de l'Hôtel de Ville, trente à quarante buveurs, qui étaient assis devant le café Bouchote, me crièrent *aspic !*

Les hommes du poste de la mairie entendirent leur clameur, et M. le lieutenant-colonel Rode[1] m'écrivait à ce sujet, de Châlons, le premier juillet 1869.

« Les militaires, dont vous invoquez le témoignage, appartiennent au 1er de ligne et sont les nommés : Pagès, Vignon et Voleck.

« Ils disent avoir parfaitement conservé le souvenir de la scène qui s'est passée devant le café Bouchote.

« Je suis heureux, monsieur, d'avoir pu vous fournir le renseignement qui vous était nécessaire, et me félicite que vous ayez bien voulu penser à moi. »

On reconnaît bien là le zèle de l'autorité militaire, lorsqu'il s'agit de rechercher la vérité dans l'intérêt de la justice, et j'en profite pour établir ici que j'ai été traité d'*aspic,* dans la soirée du 23 mai, par des partisans de M. G. père dont la *réponse à la calomnie,* publiée trois jours auparavant, renfermait le même mot injurieux.

Le 24, des ouvriers passaient et repassaient devant

---

1. M. le colonel Rode était, en 1869, président du 1er conseil de guerre de la 4e division militaire.

la maison que j'habitais à Châlons, place de la Comédie, et faisaient entendre des chants révolutionnaires.

Le même jour, 24 mai, depuis onze heures du soir jusqu'à minuit, des individus, dont plusieurs avaient le visage couvert d'un mouchoir, firent un tel tapage sur cette place, qu'ils me réveillèrent, ainsi que les personnes de ma maison.

Ils lançaient des fusées *à étoiles* contre mon habitation, et à un moment, les détonations devinrent si fortes, que les meubles tremblaient.

Vers minuit, un nommé Lagarde, employé à la préfecture, passant par là, remarqua cinq ou six individus qui faisaient partir des fusées près de mes fenêtres, et comme il s'était arrêté pour voir ce qui se passait, l'un d'eux, la figure couverte par son mouchoir, s'approcha de lui, sans prononcer une parole, et le saisit à la gorge.

Lagarde demanda alors à cet homme ce qu'il lui voulait, et l'assaillant reconnut bientôt au son de la voix, et aussi grâce à la clarté de la lune, qu'il se trompait, et lâcha le malheureux qu'il avait pris pour moi [1].

Le lendemain 25, à dix heures du matin, on con-

____

1. Procès-verbal de la gendarmerie de Châlons-sur-Marne dressé le 8 juillet 1869.

stata que quatre fusées avaient été introduites entre les persiennes et les fenêtres de mon salon, et que deux seulement avaient fait explosion.

Plusieurs lames des persiennes portaient les traces du feu de ces fusées [1].

Dans l'après-midi, M. le maire de la ville de Châlons arrive chez moi, me raconte l'attaque dont Lagarde avait failli être la victime, et m'engage à m'absenter pendant quelques jours.

« Je crois néanmoins, me dit ce magistrat, qu'il n'y a rien à craindre, que votre domicile sera respecté, mais il me rappelle un fait historique, la mort de M. du Cauzé de Nazelles, et ajouta : « on ne peut répondre de rien, il n'en faut qu'un. »

Ma femme fondait en larmes, depuis qu'elle avait appris le guet-apens dans lequel j'aurais pu tomber, et sa crainte redoublait, en entendant des ouvriers dire en sa présence : *Cela n'est pas fini.*

Je ne pouvais me décider à partir, et je voulus rester encore et attendre.

J'envoyai, par précaution, mes enfants à leur pension, pour y passer la nuit.

Le soir venu, la place du *Marché-au-blé* fut le théâtre de nouvelles et bruyantes manifestations; les

---

1. Procès-verbal de la police de la ville de Châlons.

clameurs et les explosions des fusées étaient telles, qu'elles jetaient ma femme dans une cruelle inquiétude.

Tout à coup, vers dix heures et demie, et comme à un signal donné, une foule immense arriva en courant, sur la Place de la Comédie, et la couvrit complétement.

Elle criait devant mon habitation : *Vive G.! à bas Biston! à bas l'aspic! Enlevons-le!*

Cette foule s'éloigna, sur les ordres réitérés de la police, mais elle était tellement acharnée contre moi, que M. le maire de Châlons a été obligé de la haranguer pendant près d'une heure, sur la place de l'Hôtel de Ville, pour l'empêcher de se diriger de nouveau vers mon domicile.

Des individus n'en ont pas moins continué à vociférer sur divers points de la ville, et jusqu'à une heure avancée de la nuit.

Le 26, à dix heures du matin, le maire vint me voir une seconde fois; il me dit qu'il croyait encore que mon domicile ne serait pas violé, et en se séparant de moi, il prononça ces paroles : *On me passera plutôt sur le corps, avant d'arriver jusqu'à vous.*

Les forces de ma femme s'épuisaient, et elle était épouvantée par toutes ces indignités.

Nous ne voyions personne venir à nous, nous étions comme abandonnés de tous, et d'un autre côté, nous apprenions qu'on préparait des manifestations qui, par leur gravité, pouvaient rendre nécessaire l'intervention de la force armée.

Je ne voulais pas être la cause d'un pareil malheur, et dès ce moment, je pris une suprême résolution. J'allai chercher mes enfants à leur pension, je m'occupai des préparatifs de départ, et le mercredi, **26 mai 1869**, à quatre heures de l'après-midi, nous quittions Châlons, pour aller nous réfugier à Meaux où ma femme tomba bientôt malade.

Le jour même de notre départ, le maire de la ville de Châlons faisait publier l'avis suivant.

« Quelques scènes regrettables ont troublé dans les deux dernières nuits la tranquillité de la ville.

« Le maire connait parfaitement l'esprit d'ordre et les bons sentiments de la population châlonnaise, et il sait que les manifestations qui ont eu lieu ne doivent être attribuées qu'à une très-faible minorité. Il est donc convaincu qu'un simple avertissement suffira pour assurer le repos et la sécurité des citoyens. »

Cet avis, rédigé avec beaucoup de ménagement, paraissait dans le *Journal de la Marne* du jeudi 27 mai 1869, et le même numéro renfermait ces lignes écrites, dit-on, par un nommé Charles B.. menuisier :

« A Monsieur G., les citoyens reconnaissants.

« Monsieur et ami,

« Nous ne voulons pas que cette fête se termine, sans que vous soyez persuadé que le motif qui nous a guidés n'est que l'élan spontané des sentiments qui nous a tous entraînés vers cette étoile qui mène au progrès et ouvre le sentier épineux à cette sage liberté, qui concilie les intérêts particuliers et les principes démocratiques, vous êtes cette étoile ; et les cœurs champenois l'ont prouvé une fois de plus étant certain que ni la crainte, ni l'ambition n'auront de pouvoir pour vous faire dévier de la voie que vos nobles principes vous ont tracée ; aussi, nous crions de toutes nos forces : Vive Monsieur G. deux fois vainqueur !

« Car vous avez vaincu, par votre sagesse et votre patriotique égide, les embûches d'une noire et perfide jalousie, et vous avez, non pas vaincu, mais anéanti, par la voix de ce peuple, qui vous aime, les lâches qui ont osé un instant vous barrer le chemin.

« Ami G.,

« Vous, la gloire, le représentant et l'espérance de vos concitoyens, portez haut le drapeau que nous vous confions, afin que, comme le passé et le présent, notre joie soit de nous rallier à ce cri vénéré : « Vive Monsieur G.! »

L'enthousiasme de l'ami de M. G. était au comble, et on ne doit pas s'en étonner, car il y avait eu une belle *fête* à Châlons, et un témoin oculaire, M. T. M., mon imprimeur, m'écrivait à ce sujet, le 29 mai 1869 :

« Les ignobles saturnales qui ont troublé la tranquillité de notre ville pendant quatre soirées, ont enfin cessé, et Châlons est rentré dans son calme habituel.

« Les soirées de mercredi et jeudi, la dernière surtout, ont été très-bruyantes, mais nous savons que la police avait pris les précautions nécessaires à l'effet de préserver votre habitation de nouvelles agressions.

« Un fait particulier nous a été raconté, qui prouve que certains vauriens n'auraient pas reculé devant un guet-apens contre vous. Un homme qui a été autrefois domestique à la *Haute-Mère Dieu*, et qui maintenant est garçon de bureau à la préfecture, rentrait chez lui dans la nuit du lundi à mardi, après avoir coopéré au service d'une noce. Arrivé dans votre quartier, où il demeure, trois individus, dit-il, dont un le visage enveloppé d'un mouchoir, se sont jetés sur lui et se disposaient à le maltraiter, quand ils reconnurent leur erreur.

« On suppose que ce pauvre homme, qui était vêtu de noir et portait une cravate blanche, avait été pris pour vous par les misérables chenapans.

« La détermination que vous annoncez avoir prise de quitter Châlons nous a tous affligés.

Tous les gens sensés ont compris cette détermination, personne n'a osé me donner le conseil de revenir à Châlons, et le maire de cette ville me disait lui-même, dans sa lettre du 28 mai 1869 :

« Je vous connais assez pour savoir que vous ne vous êtes pas décidé facilement au parti que vous avez pris, et que vous vous êtes rendu à un sentiment bien naturel, le désir d'épargner à madame Biston et à vos chers enfants des émotions trop pénibles.

« J'ai bien ressenti toutes vos anxiétés, et j'aurais été très-heureux si j'avais pu prévenir absolument tout ce qui s'est passé.

« J'espère, au moins, que nous sommes tout à fait à la fin de l'agitation déplorable de ces derniers jours.

« Veuillez bien vous charger d'exprimer à madame Biston toute ma sympathie et me croire votre tout dévoué. »

Un membre du conseil d'arrondissement de Châlons m'écrivait encore le 31 mai 1869 :

« J'avais appris à Paris les odieuses et lâches manifestations commises contre vous. Combien je vous ai plaint, ainsi que madame Biston et vos chères filles! Aussitôt mon retour, je m'empresse de vous adresser les témoignages de mon plus sympathique intérêt et de l'indignation que j'en ai ressentie.

« Quelles tristes choses! Quelle perversité a donc gagné notre population précédemment si sage et si honnête, et combien sont coupables ceux qui ont ainsi dénaturé son caractère!

« Ce n'est pas assez que l'honneur et l'avenir d'une famille d'ouvriers soient perdus, il faut encore qu'une honorable famille soit victime des plus tristes excitations. »

Les auteurs de ces *excitations* auraient pu facilement arrêter tout désordre, mais ils ne l'ont pas voulu, et j'ai dû abandonner une ville où j'étais publiquement insulté, diffamé, menacé des dernières violences et où il n'y avait plus ni repos, ni sécurité pour ma femme et mes enfants.

C'est ainsi que les liens qui nous attachaient au pays natal ont été brisés, et nous avons senti, par ce que nous avons souffert, que ces liens étaient aussi forts que ceux du sang.

C'est ainsi que tous nos intérêts ont été gravement compromis, et que des ruines ont été faites autour de nous par des gens qui parlaient et agissaient au nom de la liberté et du progrès.

Et depuis que j'ai vu violer impunément les droits que m'assurait la constitution de mon pays, je suis tenté de dire, en terminant : En France, la liberté n'est qu'un nom, et le progrès politique un mensonge.

PARIS. — J. CLAYE, IMPRIMEUR, 7, RUE SAINT-BENOIT. — [107.]

BIBLIOTHEQUE NATIONALE DE FRANCE

www.ingramcontent.com/pod-product-compliance
Lightning Source LLC
Chambersburg PA
CBHW061302060726
47596CB00002B/701